SUICÍDIO

E SUAS CONSEQÜÊNCIAS

João Pessoa-PB,
3 de março de 2011.

SUICÍDIO

E SUAS CONSEQÜÊNCIAS

O suicida no mundo espiritual
e ao reeencarnar

Gerson Simões Monteiro

3ª Edição

Useerj

MAUAD

MAUAD Editora Ltda
Av Treze de Maio, 13, Grupo 507 a 509, Centro
CEP: 20031-007 — Rio de Janeiro — RJ
Tel.: (21) 2533-7422 Fax: (21) 2220-4451
www.mauad.com.br

Projeto Gráfico:
Núcleo de Arte/Mauad Editora

O livro* Suicídio e suas Conseqüências *pode ser também encontrado na livraria da USEERJ:

USEERJ – União das Sociedades Espíritas do Estado do Rio de Janeiro
Rua dos Inválidos, 182, Centro
CEP: 20231-020 — Rio de Janeiro — RJ
Tel: (21) 2224-1244
E-mail: diretoria@useerj.org.br

CATALOGAÇÃO-NA-FONTE
DEPARTAMENTO NACIONAL DO LIVRO

M775s

Monteiro, Gerson Simões.
Suicídio e suas conseqüências: o suicida no mundo espiritual e ao reencarnar / Gerson Simões Monteiro. — Rio de Janeiro: Mauad, 2000 / 3ª ed. 2003.
80p; 14cm x 21 cm.

ISBN 85-7478-007-3

Inclui bibliografia

1.Espiritismo. 2. Suicídio — Aspectos religiosos.
I. União das Sociedades Espíritas do Estado do Rio de Janeiro. II. Título.

CDD – 133.9

AGRADECIMENTOS:

Celso Martins
André Luiz Valuche de Oliveira
Jorge Neves
Joaquim Simões da Silva
Telma Simões Cerqueira
Tereza Cristina Simões da Silva
Nadja do Couto Valle
Marcus Alberto De Mario
Maria das Graças Sena
Maria Lemgruber Boechat Monteiro
Jorge de Souza

ÍNDICE

APRESENTAÇÃO

A alma não desaparece com o corpo, não é destruída pela morte. É imortal, imperecível e é por isso que pelo suicídio ela não desaparece, assim como também não deixa de sofrer, porque a vida prossegue em outro plano, após a destruição do invólucro carnal.

Para demonstrar toda essa realidade, reunimos neste livro relatos fornecidos pelos Espíritos suicidas por intermédio de diversos médiuns e registrados em diferentes obras espíritas. São depoimentos sobre as mais variadas situações que eles vivem depois de terem dado cabo do corpo físico; são informações sobre as diversas regiões do mundo espiritual, onde permanecem temporariamente expiando as dolorosas conseqüências do ato infeliz.

Apresentamos, ainda, experiências regeneradoras por que passam os suicidas ao reencarnarem, neste mundo, com o fim de se harmonizarem com as leis sábias e magnânimas de Deus.

Tudo isso, é bem verdade, tem o propósito de alertar aos que se encontram na Terra sofrendo provas físicas ou morais, que não vale a pena se matar, ou melhor, o suicídio não compensa, porque a decepção que experimentam os suicidas é muito grande. Ao pretenderem acabar com seus sofrimentos, intencionalmente, buscando a morte, ao contrário disso, constatam que continuam vivos, suportando dores e sofrimentos inenarráveis.

Embora destaque a dura realidade do sofrimento sem limites e os dramas pungentes dos suicidas, esta obra só tem um propósito: o de servir para reflexão do ser visitado pela incerteza do futuro espiritual e acender a luz da esperança.

O autor

BREVE INTRODUÇÃO

> "A religião, a moral, todas as filosofias condenam o suicídio como contrário às leis da natureza. Todas nos dizem, em princípio, que ninguém tem o direito de abreviar voluntariamente a vida. Entretanto, por que não se tem esse direito? Por que não é livre o homem para por termo aos seus sofrimentos? Ao Espiritismo estava reservado demonstrar, pelo exemplo dos que sucumbiram, que o suicídio não é uma falta, somente por constituir infração de uma lei moral, consideração de pouco peso para certos indivíduos, mas também um ato estúpido, pois que nada ganha quem o pratica, antes o contrário é o que se dá, como no-lo ensinam, não a teoria, porém os fatos que ele nos põe sob as vistas".

Suicídio e Suas Conseqüências busca retratar toda esta realidade focalizada por Allan Kardec em *O Livro dos Espíritos*, ao final do tema – Desgosto da Vida – Suicídio (Questões 943 a 957).

NÃO SOUBE ESPERAR

Francisco Teodoro, próspero industrial, nos idos de 1914 viveu esmagadora crise financeira. Diante da falência iminente e porque alguém o ameaçava com escândalos na imprensa, denunciando-o como negociante desonesto, cometeu o suicídio.

Este fato, e o seu desenvolvimento no mundo dos Espíritos, estão narrados por Hilário Silva no livro *Idéias e Ilustrações*, psicografado pelo médium Francisco Cândido Xavier. Segundo o Espírito Hilário Silva, o empresário suicida experimentou pavorosos sofrimentos no mundo espiritual, em conseqüência de ter ceifado a sua própria vida.

Depois de 30 anos, Francisco Teodoro recuperou-se na espiritualidade com o apoio da Misericórdia Divina, que promoveu em seu benefício o socorro e tratamentos necessários, por intermédio de abnegados benfeitores espirituais.

Em razão da sua melhora espiritual, o ex-suicida desejou descer à Terra para rever a fábrica de tecidos que tinha sido sua e supunha estar em ruínas.

Ao visitá-la, ficou surpreso com o enorme progresso da indústria que fundara. Naquele momento, um amigo espiritual deu-lhe a conhecer que, após cinco dias de seu suicídio, todo o estoque de tecidos da fábrica foi vendido por importância superior a quatro mil contos de réis, ou seja, quatro vezes mais o valor da dívida contraída que o levara a cometer o suicídio.

Diante dessa informação, o industrial suicida mostrou melancólico sorriso, compreendendo que a Bondade Divina não faltara. Ele apenas não soube esperar. Apenas cinco dias...

Muitas vezes na vida são necessários dias, meses, anos, para resolvermos problemas ou vencermos dificuldades, mas uma coisa é certa: todos eles têm solução. A questão é saber esperar, e por piores que sejam as nossas dores físicas ou morais, devemos confiar na bondade de Deus e prosseguir trabalhando pela nossa felicidade que, certamente, será alcançada na medida em que construirmos a felicidade alheia.

É na vossa paciência que ganhareis as vossas almas.
Jesus

ENTREVISTA COM O ESPÍRITO MARILYN MONROE

Marilyn Monroe, concedendo entrevista ao Espírito Humberto de Campos, declarou, com muita lucidez, que a tese do suicídio intencional não é verdadeira, como foi comentada. Segundo ela, os vivos falam acerca dos mortos o que lhes vem à cabeça, sem que os mortos lhes possam dar a resposta devida.

O Espírito Marilyn Monroe, nessa entrevista publicada no *livro Estante da Vida,* psicografado pelo médium Chico Xavier, informa ao Espírito Humberto de Campos, o seu entrevistador no mundo espiritual, que não conseguiu dormir na hora da sua morte e que acompanhou, com indescritível angústia, o que se seguiu com o seu corpo inerme.

Diante dessa informação, Humberto de Campos, perguntando a Marilyn Monroe sobre o porquê de sua percepção acentuada no instante da morte, que de modo comum traz anestesia e repouso, obteve a seguinte resposta:

> "- Efetivamente, não tive a intenção de fugir da existência, mas, no fundo, estava incursa no suicídio indireto. Malbaratara minhas forças, em nome da arte, entregara-me a excessos que me arrasaram as oportunidades de elevação... Ultimamente, fui informada por amigos daqui de que não me foi possível descansar, após a desencarnação, enquanto não me desvencilhei da influência perniciosa de Espíritos vampirizadores a cujos propósitos eu aderira, por falta de discernimento quanto às leis que regem o equilíbrio da alma".

Sobre a época em que se deu sua morte, Marilyn Monroe esclarece também que se achava sob profunda depressão, e que passava por tremendo processo obsessivo, tanto assim que ao desencarnar constatou no seu aposento a presença de malfeitores desencarnados que dilapidaram suas energias. Segundo ela, a obsessão (*), entre as criaturas humanas, é um flagelo muito maior que o câncer.

A ex-estrela de Hollywood disse ainda que desde menina sofria altos e baixos, em matéria de sentimento, por não governar a sua liberdade. Solicitada pelo Espírito Humberto de Campos a enviar um recado para aqueles que admiraram os seus filmes e que recordam na Terra a sua presença marcante, disse:

> " – Bem, diga então às mulheres que não se iludam a respeito da beleza e fortuna, emancipação e sucesso... Isso dá popularidade e a popularidade é um trapézio no qual raras criaturas conseguem dar espetáculos de grandeza moral, incessantemente, no circo do cotidiano".

Com efeito, de que serviria a um homem ganhar o mundo todo e perder-se a si mesmo?
Jesus

(*) No item 81 do capítulo XXVIII de *O Evangelho Segundo o Espiritismo*, Allan Kardec conceitua a obsessão como ação persistente que um espírito mau exerce sobre um indivíduo.

O ENGANO DE UM JOVEM

O jovem suicida cearense Francisco Adonias Nogueira Filho, por intermédio da mediunidade de Chico Xavier, enviou uma carta-mensagem à sua mãe, Evangelina Tertinha Soares Rosa, dando uma prova de que a vida continua e que ele estava em plena recuperação na vida espiritual.

Na referida comunicação, diz o jovem suicida:

> -"Querida mamãe Evangelina e querida vovó Ester, estou aqui, na condição do filho que volta a fim de lhes pedir perdão. Vovó querida, me desculpe pelo que fiz em Cratéus, quando a sua bondade estava pronta a fim de me defender e proteger constantemente.(...) A vida me pareceu vazia, sem sentido, quando a mãezinha Evangelina e a vovó Ester esperavam tanto de mim."

Prossegue o Espírito Francisco Adonias dizendo:

> "Não sei de onde me veio o impulso temerário. Senti que o meu corpo balançava no espaço e que eu caía numa tremenda escuridão. O que se passou não tenho vocábulos para contar. Quanto tempo me arrastei naquelas sombras densas, arrependido e infeliz não sei dizer. Depois de um tempo que para mim teve a duração de séculos uma voz me veio atender aos gritos de socorro. Desde então fui hospitalizado para tratamento... Já consigo ver pessoas e conversar, mas a figura da mamãe Evangelina a sofrer por minha causa não me sai da cabeça. Mãe me perdoe e não desanime..."

Quase ao final da comunicação citada, o Espírito suicida apresenta um pensamento que conforta a todos os que sofrem na Terra:

- "Deus nunca está pobre de misericórdia e eu espero um novo dia no qual a minha consciência de rapaz amanheça pacificada."

E suas últimas palavras, ao se despedir nessa mensagem de esperança endereçada aos que ficaram, são muito confortadoras:

- "Querida vó Ester e querida mamãe Evangelina, perdoem ao filho ingrato que um dia se restabelecerá para viver novamente respeitando as leis de Deus e amando-as cada vez mais."

Cremos que o sofrimento desse jovem está retratado no soneto "Luta", de autoria da poetisa Francisca Júlia da Silva, publicado no livro *Vozes do Grande Além*, que assim nos fala:

Por mais vos fira o sonho, a rajada violenta
Do temporal de fel que enlouquece e vergasta,
Suportai, com denodo, a fúria iconoclasta
E o granizo cruel da lúrida tormenta.

Carreia a dor consigo a beleza opulenta
Da verdade suprema, eternamente casta;
Recebei-lhe o aguilhão que nos lacera e arrasta,
Ouvindo a voz da fé que vos guarda e apascenta.

De alma erguida ao Senhor varai a sombra fria!...
Por mais horrenda noite, há sempre um novo dia,
Ao calor da esperança - a luz que nos enleva...

A aflição sem revolta é paz que nos redime.
Não olvideis na cruz redentora e sublime
Que a fuga para a morte é um salto para a treva.

Pois em verdade vos digo, se tivésseis a fé do tamanho de um grão de mostarda, diríeis a esta montanha: Transporta-te daí para ali e ela se transportaria, e nada vos seria impossível.
Jesus

TREMENDA SURPRESA

No mundo espiritual, uma suicida que já havia deixado o corpo físico há quatorze anos, ingerindo formicida, concedeu entrevista ao Espírito Irmão X, pseudônimo do grande escritor brasileiro Humberto de Campos.

Ela se envenenou aos 32 anos de idade, deixando esposo e um filhinho. Na Terra caracterizava-se por nobres qualidades morais, além de ser extremamente devotada aos deveres de esposa e mãe.

Dos dez quesitos da entrevista feita pelo Espírito Humberto de Campos e psicografada pelo médium Francisco Cândido Xavier, publicada no livro *Estante da Vida*, destacamos os seguintes pontos para nossa reflexão, e para podermos aquilatar o drama doloroso vivido por essa pobre suicida:

1º. Ela não possuía consistente fé religiosa;

2º. Permaneceu completamente lúcida e por muito tempo quando sobreveio a morte;

3º. Padeceu terríveis sofrimentos ao verificar-se desencarnada:
   - ouvia os lamentos de seu marido e do seu pequenino filho, a suplicar socorro;
   - quando o rabecão lhe arrebatou o corpo imóvel, tentou ficar em casa mas não pôde;
   - atirada a um compartimento do necrotério, chorava de enlouquecer;
   - ao se ver desnuda (*na mesa de necropsia*), de imediato tremeu de vergonha;

- depois de dois moços abrirem seu ventre sem nenhuma cerimônia, na necropsia, agüentou duchas de água fria nas vísceras expostas;

4º. Orava à maneira dos loucos desesperados, sem qualquer noção de Deus;

5º. Muitos amigos e parentes desencarnados, embora procurassem auxiliá-la, não conseguiam, porque, dada a sua condição de suicida, continuava em plenitude das forças físicas;

6º. Assistiu ao próprio enterro, com o terror que se pode imaginar;

7º. Estando mentalmente cega de dor, não podia enxergar os benfeitores espirituais no cemitério;

8º. Não sabe quanto tempo esteve na cela do sepulcro:
- quando a corda magnética cedeu, viu-se libertada (*refere-se ao laço perispiritual que prende o Espírito ao corpo físico* [(1)]) e pôs-se de pé na cova.
- após muito tempo de oração e remorso, obteve socorro de Espíritos missionários a fim de interná-la num campo de tratamento (*no mundo espiritual*);

9º. Decidiu matar-se por ciúmes de seu esposo, que passava a simpatizar com outra mulher.

Humberto de Campos, ao perguntar se ela julgava que sua atitude lhe havia trazido algum benefício, respondeu o seguinte, e que constitui o décimo ponto que destacamos para nossa reflexão:

10º "Apenas complicações. Após seis anos de ausência, ferida por terríveis saudades, obtive permissão para visitar a residência que eu julgava como sendo minha casa no Rio. Tremenda surpresa!... em nada adiantara o suplício. Meu esposo, moço ainda, necessitava de companhia e escolhera para segunda esposa a rival que eu abominava... Ele e meu filho estavam sob os cuidados da mulher que me suscitava ódio e revolta".

Amarás o Senhor teu Deus, de todo o teu coração,
de toda a tua alma, de todo o teu espírito. –
Esse o maior e o primeiro mandamento. –
E aqui está o segundo, que é semelhante ao primeiro:
Amarás o teu próximo, como a ti mesmo. –
Toda a lei e os profetas se acham contidos nesses
dois mandamentos.
Jesus

(1) Consultar sobre esta referência as questões 93 a 95 de *O Livro dos Espíritos*, de Allan Kardec, e as páginas 56 a 58 deste livro.

MENSAGEM PREVIA O DESFECHO

Na reunião pública do Centro Espírita Luiz Gonzaga de 23 de agosto de 1954, na cidade de Pedro Leopoldo, Minas Gerais, o Espírito Emmanuel psicografou pelo médium Chico Xavier a mensagem "Suicidas".

Pelo seu teor, podemos deduzir que os benfeitores espirituais estavam prevendo o suicídio do então presidente do Brasil, Getúlio Vargas, que se consumou no dia seguinte, isto é, no dia 24 de agosto de 1954, no palácio do Catete, no Rio de Janeiro.

Para seu conhecimento, vamos apresentar na íntegra essa mensagem, publicada no livro *Escrínio de Luz*.

> "Não condenes as vítimas da loucura e do sofrimento que se retiram do mundo pelas portas do suicídio.
>
> Ninguém lhes viu talvez a luta insana e não sabes até que ponto sorveram o veneno da angústia na taça de fel!...
>
> Faze silêncio, diante dos que caíram no paroxismo da desesperação e da dor.
>
> Na batalha do mundo, quantos despem o manto da carne, ruídos no âmago da alma pelas chagas de aflitivas desilusões!... Quantos procuravam fugir ao nevoeiro do vale, arrojando-se às trevas de despenhadeiro cruel!...
>
> E, pedindo a paz do Senhor para os que descem à sombra da rendição antes do triunfo, ora também pelos que armam as garras da treva contra si próprios no pelourinho da maldade e da calúnia:

Pelos que perturbam o caminho alheio, aniquilando a própria existência;

Pelos que rendem culto à perversidade, consumindo-se na ilusão de que destrói o próximo;

Pelos que se afogam no charco da viciação;

Pelos que se entregam à inércia e pelos que perseguem e chicoteiam os semelhantes, cavando para si mesmos o túmulo de lodo que hão de perecer!...

Saibamos utilizar dificuldades na sublimação de nosso futuro.

A Terra é um santuário de regeneração e de esperança para quantos lhe abraçam as lições com ânimo forte, conscientes da misericórdia em que se fundamenta a Divina Justiça.

Dores, aflições, provas e desencantos representam o material educativo do templo em que nos asilamos, à procura de fortaleza moral e de créditos imprescindíveis à continuidade de nossa viagem para Deus.

Não te confies ao cansaço ou ao desalento, na solução dos problemas que te afligem a marcha.

Renova-te na fé viva e no trabalho constante, inspirando-te na excelsitude do sol que te acompanha, cada manhã, prometendo-te, cada noite, o esplendor de um outro dia, que raiará sempre mais belo.

Caminha para diante, regozija-te com o sofrimento que te ajusta as contas e abençoa os obstáculos que te fazem mais experiente e mais nobre!...

E unido à tarefa que o Senhor te confiou, qualquer que ela seja, aprendendo e servindo, amando e lutando na construção do Bem Infinito, encontrarás, mesmo na Terra, o manancial da Vida Abundante que te alimentará o coração na conquista da Vida Imperecível."

Vinde a mim, todos vós que estais aflitos
e sobrecarregados, que eu vos aliviarei.
Tomai sobre vós o meu jugo
e aprendei comigo que sou brando
e humilde de coração
e achareis repouso para vossas almas,
pois é suave o meu jugo
e leve o meu fardo.

Jesus

O REMORSO DE ANTERO DE QUENTAL

O escritor português Antero De Quental (1842–1891), autor de livros como *Odes Modernas, Raios de Extinta Luz, Primaveras Românticas, Sonetos* e também obras sobre filosofia, literatura e artes, cometeu o suicídio.

Como prova de seu desgosto pela vida, encontramos no livro *Sonetos*, publicado em 1890, em segunda edição, esta composição:

Anima Mea

Estava a Morte ali, em pé, diante,
Sim, diante de mim, como serpente
Que dormisse na estrada e de repente
Se erguesse sob os pés do caminhante.

Era de ver a fúnebre bacante!
Que torvo olhar! que gesto de demente!
E eu disse-lhe: "Que buscas, impudente,
Loba faminta, pelo mundo errante?"

"Não temas, respondeu (e uma ironia
Sinistramente estranha, atroz e calma,
Lhe torceu cruelmente a boca fria).

Eu não busco o teu corpo... Era um troféu
Glorioso demais... Busco a tua alma."
Respondi-lhe: " A minha alma já morreu."

Pois bem, depois de ter percebido o seu grande engano no mundo espiritual, pelo lápis de Chico Xavier escreveu este outro soneto que aparece em *Parnaso de Além Túmulo*:

O REMORSO

Quando fugi da dor, fugindo do mundo,
Divisei aos meus pés, de mim diante,
A medonha figura de gigante
Do remorso, de olhar grave e profundo.

Era de ouvir-lhe o grito gemebundo,
Sua voz cavernosa e soluçante!...
Aproximei-me dele, suplicante,
Dizendo-lhe, cansado e moribundo:

- " Que fazes ao meu lado, corvo horrendo,
Se enlouqueci no meu degredo estranho,
Acordando-me em lágrimas, gemendo?"

Ele riu-se e clamou para meus ais:
- " Companheiro na dor, eu te acompanho,
Nunca mais te abandono! Nunca mais!"

Andai enquanto tendes a luz,
para que as trevas não vos apanhem.
Jesus

PEDIU ANTES DE NASCER

Adelino Silveira, no livro *Chico, de Francisco*, relata um episódio ocorrido com certa senhora que procurou o médium mineiro com uma criança no braço e que lhe fez a seguinte pergunta:

> "-Chico, meu filho nasceu surdo, mudo, cego e sem dois braços. Agora está com uma doença nas pernas e os médicos querem amputar as duas para salvar a vida dele. Há uma resposta para mim no Espiritismo?"

Com a intervenção de Emmanuel (*guia espiritual de Chico Xavier*), a resposta foi dada:

> "-Chico, explique à nossa irmã que este nosso irmão que está em seus braços suicidou-se nas dez últimas encarnações e pediu, antes de nascer, que lhe fossem retiradas todas as possibilidades de se matar novamente. Mas agora que está aproximadamente com cinco anos, procura um rio, um precipício para se atirar. Avise nossa irmã que os médicos amigos estão com a razão. As duas pernas dele vão ser amputadas, em seu benefício, para que ele fique mais algum tempo na Terra, a fim de que diminua a idéia do suicídio."

Esse fato se enquadra na resposta dada pelos Espíritos Superiores a Allan Kardec (*), ou seja, a de que o próprio Espírito escolhe o gênero de provas por que há-de passar, antes de começar nova existência corporal, consistindo nisso o seu livre-arbítrio.

Vigiai e orai para não entrardes em tentação.
Jesus

(*) Questão 258 de *O Livro dos Espíritos.*

O PERIGO DO MATERIALISMO

M.J.B.D. era um homem instruído, saturado de idéias materialistas, não acreditava em Deus nem na existência da alma. Acabou se matando. A pedido de um parente, relata Allan Kardec, na obra *O Céu e o Inferno*, M.J.B.D. foi evocado na Sociedade Espírita de Paris dois anos depois de desencarnado.

O Espírito M.J.B.D., em sua mensagem, revelou que o motivo do suicídio fora exatamente "o tédio de uma vida sem esperança". Respondendo a Allan Kardec quanto à situação em que se encontrava, disse o ex-ateu:

-" Sofro pelo constrangimento em que estou de crer em tudo quanto negava. Meu Espírito está como um braseiro, horrivelmente atormentado".

Allan Kardec, no capítulo V do *Evangelho Segundo o Espiritismo,* a respeito do assunto diz o seguinte:

> "A propagação das doutrinas materialistas é, pois, o veneno dos que se suicidam, e os que se constituem apóstolos de semelhantes doutrinas assumem tremenda responsabilidade. Com o Espiritismo, tornada impossível a dúvida, muda o aspecto da vida. O crente sabe que a existência se prolonga indefinidamente para lá do túmulo, mas em condições muito diversas; donde a paciência e a resignação que o afastam muito naturalmente de pensar no suicídio; donde, em suma, a *coragem moral.*"

Muita gente pensa no suicídio quando a vida é sem esperança, e busca fugir dela a qualquer preço. Porém, quando se tem a certeza de que a vida continua após a morte, a esperança se fortalece, porque a vida espiritual torna-se uma realidade, e a criatura entende que a porta falsa do suicídio dará início a uma vida de grandes sofrimentos, e isso, nem pensar.

As idéias materialistas são muito perigosas porque atingem a alma, levando-a a situações desesperadoras e insustentáveis. O Espiritismo, como já se disse, matou o materialismo. Os pretensos argumentos científicos de não se poder provar a sobrevivência do Espírito após a morte caíram por terra com a Doutrina Espírita, que demonstra sobejamente essa sobrevivência por meio de fatos irrefutáveis, e atualmente também a ciência ratifica esse postulado já demonstrado desde 1857 pelo Espiritismo.

Não acumuleis tesouros na Terra,
onde a ferrugem e os vermes os comem
e onde os ladrões os desenterram e roubam:-
acumulai tesouros no céu,
onde nem os vermes os comem;
porquanto,onde está o vosso tesouro
aí está também o vosso coração.

Jesus

JUDAS SOCORRIDO POR JESUS

O texto evangélico relata que Jesus apareceu materializado a Maria Madalena após o terceiro dia da sua morte.

O diálogo estabelecido entre Ele e Madalena, neste acontecimento, está narrado em forma de poema pelo Espírito Maria Dolores, através da psicografia de Francisco Cândido Xavier. Sob o título "Amor e Perdão", no livro *Coração e Vida,* o final desse diálogo, apresentado a seguir, revela o imenso amor de Jesus que, após a Sua morte, vai ao encontro de Judas, que se enforcou, ao constatar que o Mestre fora crucificado por culpa de sua insensata ambição política(*).

(...)—"Senhor, onde estiveste?"
(...) Mas Jesus respondeu:
— "Não, Maria, não fui ainda ao Alto.
Nem me elevei sequer um palmo à luz do firmamento,
Quem ama não consegue achar o Céu de um salto...
Ao invés de subir aos Altos Resplendores,
Desci, mas desci muito aos reinos inferiores...
Despertando no túmulo, escutei
Os gritos da aflição de alguém que muito amei
E que muito amo ainda...
Embora visse Além, a Luz sempre mais linda,
Sentia nesse alguém um amado companheiro,
Em crises de tristeza e de loucura...
Fui à sombra abismal para a grande procura
E ao reencontrá-lo amargurado e louco,
A ponto de não mais me conhecer,
Demorei-me a afagá-lo e, pouco a pouco,
Consegui que ele, enfim, pudesse adormecer...

— "Senhor" - interrogou a Madalena -
"Quem é o amigo que te fez descer,
Antes de procurar a luz do Pai?"
Mas Jesus replicou, em voz clara e serena:
— "Maria,
Um amigo não esquece a dor de outro amigo que cai...
Antes de me altear à Celeste Alegria,
Ao sol do mesmo amor a Deus, em que te enlevas,
Vali-me, após a cruz, das grandes horas mudas,
E desci para as trevas,
A fim de aliviar a imensa dor de Judas."

Essa revelação via mediúnica esclarecendo onde esteve o Cristo nos três dias após a sua morte, fato não registrado no Novo Testamento, demonstra, sobretudo, a extensão da infinita misericórdia de Jesus para todos os sofredores.

Não são os que gozam de saúde
que precisam de médico.
Jesus

(*) No capítulo 24, A Ilusão do Discípulo, do livro *Boa-Nova*, o Espírito Humberto de Campos, pela mediunidade de Chico Xavier, esclarece a trama na qual Judas, na realidade, foi mais um traído do que traidor.

TERAPIA CONTRA O SUICÍDIO

O Espírito de uma jovem suicida, cujo nome na Terra era Hilda, relata seus padecimentos após a morte do corpo, deixando bem clara a causa do seu gesto infeliz.

Além da sua rebeldia em não aceitar a vida com suas naturais dificuldades, também foi inspirada por Espíritos obsessores, ou seja, por almas situadas temporariamente nas faixas da ignorância e da maldade.

Eis alguns trechos do depoimento do Espírito Hilda pela psicofonia do médium Francisco Cândido Xavier, registrado na obra *Vozes do Grande Além.*

> "Fala-vos humilde companheira que ainda sofre, depois de aflitiva tragédia no suicídio, alguém que conhece de perto a responsabilidade na queda a que se arrojou, infeliz.
>
> Obsediada fui eu, é verdade, jovem caprichosa, contrariada em meus impulsos afetivos, acariciei a idéia de fuga, menoscabando todos os favores que a Providência Divina me concedera à estrada primaveril. Acalentei a idéia do suicídio com a volúpia e, com isso, através dela, fortaleci as ligações deploráveis com os desafetos de meu passado, que falavam mais alto no presente.
>
> Esqueci-me dos generosos progenitores, a quem devia ternura, dos familiares com os quais me empenhara em abençoadas dívidas de serviço; olvidei meus amigos, cuja simpatia poderia tomar por valioso escudo em justa defesa, e desviei-me do campo de sagradas obrigações, ignorando deliberadamente que elas

representavam os instrumentos de minha restauração espiritual... Em razão disso, padeci, depois do túmulo, todas as humilhações que podem rebaixar a mulher indefesa..."

Vejamos agora o que nos aconselha a jovem suicida para nos defendermos da idéia nefasta do suicídio:

> "Cumpramos nossas obrigações, visitemos o amigo enfermo, atendamos à criança desventurada, procuremos a boa execução de nossas tarefas, busquemos o convívio do livro nobre, tenhamos a conversação robusta e edificante, refugiemo-nos no santuário da prece e devotemo-nos à felicidade do próximo instalando-nos sob a tutela do bem e agindo sempre contra o pensamento insensato, porque, através dele, a obsessão se insinua, a perseguição se materializa e, quando acordamos, diante da própria responsabilidade, muitas vezes a nossa consciência chora tarde demais."

Ao analisarmos o depoimento de Hilda, cremos que para vivermos, neste mundo, precisamos basicamente:

1º. Aceitar as pessoas como são; e
2º. Aceitar a vida como ela se nos apresenta, mas fazendo tudo por melhorá-la incessantemente.

Seja o que for que peçais na prece,
crede que o obtereis
e concedido vos será o que pedirdes.
Jesus

A PRIMEIRA DECEPÇÃO

O Espírito Emmanuel, questionado a respeito das primeiras impressões dos que desencarnaram por suicídio, respondeu por intermédio do médium Chico Xavier, consoante a questão 154, do livro *O Consolador*, o seguinte:

> "A primeira decepção que os aguarda é a realidade da vida que se não extingue com as transições da morte do corpo físico, vida essa agravada por tormentos pavorosos, em virtude de sua decisão tocada de suprema rebeldia.
>
> Suicidas há que continuam experimentando os padecimentos físicos da última hora terrestre, em seu corpo somático, indefinidamente. Anos a fio, sentem as impressões terríveis do tóxico que lhes aniquilou as energias, a perfuração do cérebro pelo corpo estranho partido da arma usada no gesto supremo, o peso das rodas pesadas sob as quais se atiraram na ânsia de desertar da vida, a passagem das águas silenciosas e tristes sobre os seus despojos, onde procuraram o olvido criminoso de suas tarefas no mundo e, comumente, a pior emoção do suicida é a de acompanhar, minuto a minuto, o processo de decomposição do corpo abandonado no seio da terra, verminado e apodrecido".

Concluindo esta resposta, o abnegado benfeitor espiritual considera ainda:

> "De todos os desvios da vida humana o suicídio é, talvez, o maior deles pela sua característica de falso

heroísmo, de negação absoluta da lei do amor e de suprema rebeldia à vontade de Deus, cuja justiça nunca se fez sentir, junto dos homens, sem a luz da misericórdia".

Faça-se a tua vontade,
assim na Terra como no Céu.
Jesus

OBSESSÃO E SUICÍDIO

Os Espíritos desencarnados moralmente atrasados podem influenciar as pessoas e até levá-las ao suicídio. Esse é um dos perigos que muita gente não leva em conta, ao receber sutis sugestões para desertar da vida.

Basta um momento de irreflexão do ser encarnado para que os Espíritos situados na faixa do mal inoculem sugestões de autodestruição, movidos por sentimentos de vingança ou pelo simples desejo de arrastar à infelicidade outros seres. Quando se experimenta a depressão ou um grande vazio por dentro, podem surgir pensamentos como, por exemplo, "sumir de vez", "vou acabar com tudo isso", "morrer para deixar de sofrer" etc., enfim, idéias funestas que podem levar à efetiva prática do suicídio.

Há pessoas que ouvem vozes ordenando-lhes que dêem cabo da vida. Segundo elas, é como se fosse uma voz falando dentro de suas mentes. Isso é o que se verifica no processo obsessivo por ação de Espíritos malfazejos.

Segundo Allan Kardec, em *O Evangelho Segundo o Espiritismo*, a morte apenas nos livra da presença física do inimigo, pois ele pode nos perseguir com o seu ódio, mesmo depois de haver deixado o corpo físico. Eis porque muitas pessoas se matam sem que haja uma explicação para os que ficam.

O Espírito do suicida Antoine Bell, em comunicação via mediúnica a Allan Kardec, no livro *O Céu e o Inferno*, esclareceu que seu ato foi sugerido por um Espírito perseguidor. Segundo ele, em anterior encarnação, havia assassinado um seu rival. Este rival, desencarnado, o perseguiu com seu ódio durante anos, levando-o a cometer o gesto infeliz.

Obsessão, como se sabe, é um gênero de provação, podendo revestir-se de muitas formas, mas que de maneira alguma isenta de culpabilidade aquele que cometer o suicídio induzido por um

Espírito perseguidor. O homem dispõe de seu livre arbítrio e, por conseguinte, está em si o ceder ou resistir às sugestões sob pressão do seu inimigo desencarnado, o que faz com o assentimento da sua vontade. É bem verdade que a culpa de Bell foi menor, segundo ele próprio afirmou no seu relato ao Codificador do Espiritismo, pois a ação foi instigada por outrem e não praticada por sua total iniciativa.

Allan Kardec esclarece, também, que não há coração tão perverso que mesmo a seu mau grado não se mostre sensível ao bom proceder. Aquele que sofre a perseguição espiritual pode anular o seu efeito, através do bem praticado ao próximo, do perdão que conceda aos seus ofensores, e principalmente das preces dirigidas aos inimigos desencarnados, rogando a Deus perdão pelo mal praticado a eles.

Reconciliai-vos o mais depressa possível
com o vosso adversário,
enquanto estais com ele a caminho,
para que ele não vos entregue ao juiz,
o juiz não vos entregue ao ministro da justiça
e não sejais metido em prisão.
– Digo-vos, em verdade, que daí não saireis
enquanto não houveres pago o último ceitil.
Jesus.

EM VEZ DE OLHAR PARA O CÉU

Há quem diga que em se morrendo tudo termina. Por isso, alimenta a infeliz idéia de que em se matando os sofrimentos acabam. No entanto, isto não é verdade. As comunicações de Espíritos suicidas demonstram que a dor que eles experimentam após a morte do corpo é indescritível. Segundo suas dolorosas narrativas nas reuniões Espíritas, o maior desapontamento é o de verificarem que a morte não os livra de seus tormentos e, pior do que isso, esses tormentos são em muito aumentados pelo gesto de revolta praticado. A esse respeito, Allan Kardec registra na obra *O Céu e o Inferno* a comunicação de François Simon Louvet, dada espontaneamente em uma reunião dirigida pelo Codificador, no Havre, em 12 de fevereiro de 1863, em que o Espírito diz melancolicamente:

> "-Tereis piedade de um pobre miserável que passa de há muito por cruéis torturas? Oh! O vácuo... o espaço... despenho-me... caio... morro... Acudam-me! Deus, eu tive uma existência tão miserável... Pobre diabo, sofri fome muitas vezes na velhice; e foi por isso que me habituei a beber, a ter vergonha e desgosto de tudo."

Após a comunicação do pobre suicida, um Espírito instrutor esclareceu que François tinha tido, na Terra, a prova da miséria e, vencido pelo desgosto, faltou-lhe a coragem. Em vez de olhar para o céu como devia, entregou-se à embriaguez. Informou ainda que ele, descendo aos extremos do desespero, atirou-se da Torre Francisco I, no dia 22 de julho de 1857. Ao final de seus informes, o benfeitor espiritual roga aos presentes àquela reunião piedade para a alma do infortunado suicida, que não era adiantada, mas que já desejava reparar o seu erro em uma nova encarnação.

Buscando informações a respeito, Allan Kardec encontrou no *Jornal do Havre*, de 23 de julho de 1857, a notícia que dava conta do lamentável acontecimento, e em certo trecho dizia: "um homem atirou-se da torre, vindo a despedaçar-se sobre as pedras. Era um velho puxador de carroça, cujo pendor à embriaguez o arrastara ao suicídio. Chamava-se François Simon Louvet. Tinha 67 anos de idade."

Poder-se-ia aplicar a esse caso uma trova de Casimiro Cunha, psicografado por Chico Xavier, em *Parnaso de Além Túmulo*:

"Todo suicida presume
Que a morte é o fim do amargor
Sem saber que o desespero
É porta para outra dor."

Buscai primeiramente o reino de Deus
e a sua justiça, que todas essas coisas
vos serão dadas de acréscimo.
- Assim, pois, não vos ponhais inquietos
pelo dia de amanhã,
portanto o amanhã cuidará de si.
A cada dia basta o seu mal.
Jesus

ABORTO E SUICÍDIO

Cecília era uma mulher de 25 anos, de família abastada e que, solteira, engravidou. O Espírito reencarnante não era um inimigo dela propriamente dito, mas cúmplice de faltas graves, tendo ambos se vinculado por laços de ódio, em passado próximo.

A jovem mulher decidira abortar. Procurara médicos, mas esses recusaram-se a "ajudá-la", atendendo as sugestões do plano espiritual. Buscara então uma curiosa, que o Espírito André Luiz, na obra *No Mundo Maior*, psicografada por Francisco Cândido Xavier, descreve como dessas que se tornam menos sensíveis à dor alheia.

No silêncio interior, travava-se eloqüente diálogo entre as mentes da mulher dementada e do Espírito candidato à reencarnação.

"- Odeio!... odeio este filho intruso que não pedi à vida!... afirmava, cruelmente, a futura mãe, no campo do pensamento.

- Poupa-me! Poupa-me! Resgatarei minha dívida!... Pagar-te-ei com amor... não me expulses! Tem caridade!... suplicava a mente do Espírito, arrancado como de um sono brando".

Não obstante o socorro propiciado pela equipe de amparo dos benfeitores espirituais, o aborto foi concretizado.

O Espírito André Luiz narra a patética cena:

" Depois de longo e laborioso trabalho, o entezinho foi retirado e afinal... Assombrado, reparei, todavia, que a ginecologista improvisada subtraía ao vaso feminino somente pequena porção de carne inânime, porque a entidade reencarnante, como se se mantivesse atraída ao corpo materno por forças vigorosas e indefiníveis, aderiu ao campo celular que a expulsava.

O filhinho, que não chegara a nascer, transformara-se em perigoso verdugo do psiquismo materno."

André Luiz conta que a entidade reencarnante, em processo de desequilíbrio e desencanto, através de sua organização perispíritica atingiu a zona do coração da mulher, e na decorrência dos efeitos físicos agravou o fluxo hemorrágico. Cecília, algumas horas depois, também estava morta.

Cecília, com isso, foi considerada homicida e responsável pela sua desencarnação prematura provocada por suicídio indireto.

Perdoa as nossas dívidas,
como perdoamos aos que nos devem.
– Perdoa as nossas ofensas,
como perdoamos aos que nos ofenderam.
Jesus

OS EXCEPCIONAIS

No programa Hebe Camargo, pela TV Bandeirantes, Chico Xavier, ao ser questionado pela apresentadora em relação à causa do sofrimento de uma criança excepcional — se seria carma dos pais ou da criança —, respondeu o seguinte:

> "A criança excepcional sempre me impressionou, pelo sofrimento de que ela é portadora, não somente em se tratando dela mesma, mas também dos pais, e isso tem sido tema de várias conversações minhas com nosso Emmanuel, que é o Guia Espiritual de nossas tarefas. Ele então disse que, em regra geral, a criança excepcional é o suicida reencarnado. Reencarnado depois do suicídio recente, porque a pessoa pensa que se liquida apenas estragando, perdendo a roupa de que a Providência Divina permite que se sirva durante a existência, que é o corpo físico, a verdade é que ela em si é um corpo espiritual; então, os remanescentes do suicídio acompanham a criatura que praticou a autodestruição da vida do mais além.
>
> Lá ela se demora algum tempo, amparada por amigos, que toda criatura tem afeições por toda a parte; mas, volta à terra com os remanescentes que levou daqui, mesmo após o suicídio.
>
> Se uma pessoa espatifou o crânio e o projétil atingiu o centro da fala, ela volta com a mudez; se atingiu apenas o centro da visão, volta cega, mas se atingiu determinadas regiões mais complexas do cérebro, vem em plena idiotia, e aí os centros fisiológicos não funcionam. A endocrinologia teria de fazer um capítulo especial para estudar uma criança surda, muda, cega,

paralítica, porque aí a criatura seria uma vida no santuário da vida, que é a parte mais delicada do cérebro. Se ela suicidou-se, mergulhando em águas profundas, vem com a disposição para o enfizema, o enfizema infantil ou da mocidade nos primeiros dias de vida; se ela se enforcou, vem com a paraplegia, depois de uma simples queda, que toda criança cai (do colo da ama, do colo da mãezinha); então, quando o processo é de enforcamento, a vértebra que foi deslocada vem mais fraca e, numa simples queda, a criança é acometida pela paraplegia.

E nós vemos aí outras crianças que vêm completamente perturbadas: a esquizofrenia, por exemplo, diz-se ser do suicídio depois do homicídio. O complexo de culpa se modifica e vem a esquizofrenia como uma doença verificável, porque através dos líquidos expelidos pelo corpo é possível detectar os princípios de esquizofrenia; mas o esquizofrênico é o homicida que se fez suicida, porque o complexo de culpa é tão grande, o remorso é tão terrível que aquilo se reflete na próxima vida física da criatura durante algum tempo ou muito tempo."

... A Deus tudo é possível...
Jesus

SUICIDA NÃO ALCANÇA A FELICIDADE

"Félicien era um homem rico, instruído, poeta de espírito, possuidor de caráter são, obsequioso e ameno, de perfeita honradez.". Com essa descrição inicial, Allan Kardec registra, na obra *O Céu e o Inferno*, traços da personalidade do suicida Félicien.

> "Falsas especulações comprometeram a fortuna de Félicien e não lhe sendo possível repará-la em razão da idade avançada, cedeu ao desânimo, enforcando-se em dezembro de 1864, no seu quarto de dormir.
>
> Não era materialista nem ateu, mas um homem de gênio um tanto superficial, ligando pouca importância ao problema da vida de além-túmulo".

O Codificador do Espiritismo, que o conhecia intimamente, evocou-o quatro meses após o suicídio, utilizando para isso um médium psicógrafo. Eis alguns trechos da comunicação do Espírito Félicien, para você melhor analisar as conseqüências da sua infeliz idéia de acabar com a vida material:

> "Choro a Terra na qual tive decepções, porém menores do que as experimentadas aqui (...).
>
> (...) Agora só tenho necessidade de preces; orai principalmente para que me veja livre desses hórridos companheiros que aqui estão junto de mim, obsidiando-me com gritos, sorrisos e infernais motejos. Eles chamam-me covarde, e com razão, porque é covardia renunciar à vida.(...) Que suplício o meu! Quanto sou desgraçado! Orando fazeis por mim mais que por vós pude fazer quando na Terra (...)."

Allan Kardec, dirigindo-se posteriormente ao Espírito Félicien, esclareceu-o de que seu ato não foi fruto da fatalidade, mas sim de sua fraqueza, de não ser responsável pelos seus atos. O orgulho leva o homem a atribuir ao destino as suas infelicidades terrenas, quando a verdade é que tais infelicidades promanam da sua incúria. Disse-lhe ainda que sua provação consistia num encadeamento de circunstâncias que deveriam dar, não a necessidade, mas a tentação do suicídio, que ele não soube dominar, apesar do talento e instrução.

Entrai pela porta estreita,
porque larga é a porta da perdição
e espaçoso o caminho que a ela conduz,
e muitos são os que por ela entram.
- Quão pequena é a porta da vida!
Quão apertado o caminho que a ela conduz!
E quão poucos a encontram!
Jesus

SACRIFÍCIO DA PRÓPRIA VIDA

No caso de alguém se achar desgostoso da vida, mas não quiser extingui-la por suas próprias mãos, essa pessoa será culpada por procurar a morte num campo de batalha, com o propósito de tornar-se útil? Ao questionar os Espíritos Superiores (1), Allan Kardec mereceu do espírito São Luiz a seguinte resposta:

> "Que o homem se mate ele próprio, ou faça que outrem o mate, seu propósito é sempre cortar o fio da existência: há, por conseguinte, suicídio intencional, se não de fato. É ilusória a idéia de que sua morte servirá para alguma coisa; isso não passa de pretexto para colorir o ato e escusá-lo aos seus próprios olhos. Se ele desejasse seriamente servir ao seu país, cuidaria de viver para defendê-lo; não procuraria morrer, pois que, morto, de nada mais lhe serviria. O verdadeiro devotamento consiste em não temer a morte, quando se trate de ser útil, em afrontar o perigo, em fazer, de antemão e sem pesar, o sacrifício da vida, se for necessário. Mas, buscar a morte com *premeditada intenção*, expondo-se a um perigo, ainda que para prestar serviço, anula o mérito da ação."

Ainda sobre a questão do sacrifício da própria vida, o Codificador do Espiritismo volta a indagar à Espiritualidade Superior (2): no caso de uma pessoa expor-se a um perigo iminente para salvar a vida de um de seus semelhantes, sabendo de antemão que sucumbirá, seu ato pode ser considerado suicídio? E São Luís deu o seguinte esclarecimento:

> "Desde que no ato não entre a intenção de buscar a morte, não há suicídio e, sim, apenas, devotamento e abnegação, embora também haja a certeza de que morrerá. Mas, quem pode ter essa certeza? Quem poderá dizer que a Providência não reserva um inesperado meio de salvação para o momento mais crítico? Não poderia ela salvar mesmo aquele que se achasse diante da boca de um canhão? Pode muitas vezes dar-se que ela queira levar ao extremo limite a prova da resignação e, nesse caso, uma circunstância inopinada desvia o golpe fatal."

Nos comentários da questão 951 de *O Livro dos Espíritos*, Allan Kardec esclarece ainda mais esse assunto:

> "Todo sacrifício que o homem faça à custa da sua própria felicidade é um ato soberanamente meritório aos olhos de Deus, porque resulta da prática, da lei de caridade. Ora, sendo a vida o bem terreno a que maior apreço dá o homem, não comete atentado o que a ela renuncia pelo bem de seus semelhantes: cumpre um sacrifício. Mas, antes de o cumprir, deve refletir sobre se sua vida não será mais útil do que sua morte."

Em verdade vos digo,
todas as vezes que isso fizestes
a um destes pequeninos dos meus irmãos,
foi a mim mesmo que o fizestes.
Jesus

---

(1) Item 29 do capítulo V de *O Evangelho Segundo o Espiritismo.*

(2) Item 30 do capítulo V de O Evangelho Segundo o Espiritismo.

NEM MESMO POR BRINCADEIRA

O Espírito do poeta Cornélio Pires expõe de forma clara e precisa através do médium Chico Xavier, no livro *Astronautas do Além*, as conseqüências do suicídio e a respectiva receita para a superação das dificuldades, nas seguintes quadras:

"SUICÍDIO"

Suicídio, não pense nisso
Nem mesmo por brincadeira...
Um ato desses resulta
Na dor de uma vida inteira.

Por paixão, Quim afogou-se
Num poço de Guararema.
Renasceu em provação
Atolado no enfisema.

Matou-se com tiro certo
A menina Dilermanda.
Voltou em corpo doente,
Não fala, não vê nem anda.

Pôs fogo nas próprias vestes
Dona Cesária da Estiva...
Está de novo na Terra
Num corpo que é chaga viva.

Suicidou-se à formicida
Maricota da Trindade...
Voltou... Mas morreu de câncer
Aos quatro meses de idade.

Enforcou-se o Columbano
Para mostrar rebeldia...
De volta, trouxe a doença
Chamada paraplegia.

Queimou-se com gasolina
Dona Lilia Dagele.
Noutro corpo sofre sarna
Lembrando fogo na pele.

Tolera com paciência
Qualquer problema ou pesar:
Não adianta morrer,
Adianta é melhorar.

Ele lhe respondeu:
Em verdade, em verdade, digo-te:
Ninguém pode ver o reino de Deus
se não nascer de novo.
Jesus

REVELAÇÃO DA MÉDIUM YVONNE A. PEREIRA

Em nota de rodapé no Capítulo II de *Memórias de um Suicida*, a médium Yvonne A. Pereira relata uma experiência vivida no mundo espiritual, destacando o valor da prece. Ei-la:

> "Certa vez, há cerca de vinte anos, um dos meus dedicados educadores espirituais – Charles – levou-me a um cemitério público do Rio de Janeiro, a fim de visitarmos um suicida que rondava os próprios despojos em putrefação. Escusado será esclarecer que tal visita foi realizada em corpo astral. O perispírito do referido suicida, hediondo qual demônio, infundiu-me pavor e repugnância. Apresentava-se completamente desfigurado e irreconhecível, coberto de cicatrizes, tantas cicatrizes quantos haviam sido os pedaços a que ficara reduzido seu envoltório carnal, pois o desgraçado jogara-se sob as rodas de um trem de ferro, ficando despedaçado. Não há descrição possível para o estado de sofrimento desse Espírito! Estava enlouquecido, atordoado, por vezes furioso, sem se poder acalmar para raciocinar, insensível a toda e qualquer vibração que não fosse a sua imensa desgraça! Tentamos falar-lhe: - não nos ouvia! E Charles, tristemente, com acento indefinível de ternura, falou: -"Aqui, só a prece terá virtude capaz de se impor! Será o único bálsamo que poderemos destilar em seu favor, santo bastante para, após certo período de tempo, poder aliviá-lo..." – E essas cicatrizes? – perguntei impressionada. – Só desaparecerão – tornou Charles – depois da expiação do

erro, da reparação em existências amargas, que requererão lágrimas ininterruptas, o que não levará menos de um século, talvez muito mais... Que Deus se amerceie dele, porque, até lá..." Durante muitos anos orei por esse infeliz irmão em minhas preces diárias".

Fazei aos homens
tudo o que queirais que eles vos façam,
pois nisto consistem a lei e os profetas.
Tratai todos os homens
como quereríeis que eles vos tratassem.
Jesus

DEVOTA QUASE SUICIDA

Um caso muito interessante do auxílio espiritual em favor daqueles que passam por dificuldades na vida é narrado por Almerindo Martins de Castro, no livro *Antonio de Pádua*. Vejamos a narrativa:

> "Na Vila de Serpa, em Portugal, havia uma certa Sara, devota sincera de São Francisco de Assis e Santo Antônio.
>
> Malcasada, sofria torturas do marido, a tal ponto que se resolveu ao suicídio.
>
> Certa noite em que o esposo permaneceria fora de casa, depois de recolhidos os da família, Sara preparou um laço de corda para enforcar-se; mas, ao enfiá-lo ao pescoço, ouviu alguém bater com estrondo à porta, obrigando-a a atender aos visitantes, que eram dois, vestidos de franciscanos: S. Francisco de Assis e Santo Antônio, em Espírito, materializados.
>
> Acolhidos com as atenções que mereciam (embora Sara não soubesse quem eram os dois desconhecidos), e sendo-lhes servida ceia, encaminharam a conversa para o temor de Deus, o caminho da virtude, o valor da paciência nas aflições da vida, falando de tal modo que Sara mudou inteiramente de idéias, chegando a sentir-se criminosa só pela intenção que tivera de suicidar-se.
>
> Algumas horas depois, os dois Espíritos apareceram em sonho ao marido, dando-se a conhecer, admoestando-o severamente e fazendo-o compreender as terríveis responsabilidades que lhe adviriam perante Deus, se se tornasse culpado do suicídio da esposa.

Ele dirigindo-se ao lar, e verificando a realidade do sonho, sem mais dúvida de que tivera a visão de Francisco de Assis e Antônio de Pádua, transformou-se, tornando-se modelar marido, e fiel no agradecimento ao auxílio que recebera da misericórdia divina."

Bem-aventurados os que choram,
pois que serão consolados.
Jesus

FOGE DO SOFRIMENTO PARA ENCONTRAR A TORTURA

O conceituado filósofo francês Léon Denis, no capítulo sob o título "Os Espíritos inferiores", do livro *Depois da Morte*, assim se refere aos que desertam da vida física:

> "A situação tem analogia com a dos criminosos: muitas vezes, é ainda pior. O suicídio é uma covardia, um crime cujas conseqüências são terríveis. Segundo a expressão de um Espírito, o suicida não foge ao sofrimento senão para encontrar a tortura. Cada um de nós tem deveres, uma missão a cumprir na Terra, provas a suportar para nosso próprio bem e elevação. Procurar subtrair-se, libertar-se dos males terrestres antes do tempo marcado é violar a lei natural, e cada atentado contra essa lei traz para o culpado uma violenta reação.
>
> O suicídio não põe termo aos sofrimentos físicos nem morais. O Espírito fica ligado a esse corpo carnal que esperava destruir; experimenta, lentamente, todas as fases de sua decomposição; as sensações dolorosas multiplicam-se, em vez de diminuírem. Longe de abreviar sua prova, ele a prolonga indefinidamente; seu mal-estar, sua perturbação persistem por muito tempo depois da destruição do invólucro carnal. Deverá enfrentar novamente as provas às quais supunha poder escapar com a morte e que foram geradas pelo seu passado. Terá de suportá-las em piores condições, refa-

zer, passo a passo, o caminho semeado de obstáculos, e para isso sofrerá uma encarnação mais penosa ainda que aquela à qual pretendeu fugir".

E Jesus, respondendo, disse-lhes:
tende fé em Deus.
Jesus

BEZERRA DE MENEZES SALVA ESCRITOR

Conta Almerindo Martins de Castro que um dos mais brilhantes escritores, membro da Academia Brasileira de Letras, encontrava-se certo dia numa situação desesperadora, com dificuldades suficientes para levá-lo ao suicídio. Comparecendo à sede da Federação Espírita Brasileira, pediu a Manoel Quintão que, na qualidade de médium, servisse de intermediário num apelo ao Espírito Bezerra de Menezes, solicitando um conselho paternal ante a situação terrível em que se encontrava.

O próprio escritor comentou publicamente que ficou aguardando em um dos gabinetes do primeiro andar da Federação. Quintão, depois de certo tempo, volta sereno, tendo em suas mãos a comunicação daquele que na Terra foi chamado de "*O médico dos pobres*". Começava por uma censura: "Eu devia ter medido melhor as minhas forças". Mas concluía o bondoso Espírito:- "Nem tudo está perdido. Há uma porta em que ainda não bateste". E disse Bezerra naquela comunicação: "- Vai, conta tudo, fala a verdade, que ela se abrirá com o favor de Deus."

> "Curiosíssimo, - esclareceu o ilustre Acadêmico no seu relato - até aquele momento julgava que não havia mais porta nenhuma para que eu batesse. Mal concluía a leitura das palavras de Bezerra de Menezes, vi num relâmpago, como se alguém me inspirasse, a porta na qual me esquecera de bater. E fui onde a inspiração me mandou, fui sereno, confiante, seguro de que teria a consumação do meu desejo. Encontrei, de fato, as portas abertas de par em par. Tudo se resolveu, graças a Deus."

Finaliza Almerindo Martins de Castro a narrativa desse fato no livro *O Martírio dos Suicidas*, informando que o escritor prosperou e cresceu em prestígio literário. A Academia Brasileira de Letras lhe sagrou o valor intelectual.

Pedi e se vos dará; buscai e achareis;
batei à porta e se vos abrirá;
porquanto, quem pede recebe
e quem procura acha e,
àquele que bata à porta, abrir-se-á.
Jesus

REPERCUSSÃO NO PERISPÍRITO

O perispírito é o laço fluídico que une o Espírito ao corpo.

Poder-se-ia dizer que sua natureza é a quintessência da matéria, o princípio da vida orgânica, mas não da vida intelectual, que está no Espírito. E, além disso, o agente das sensações está localizado nos órgãos que lhes servem de canais. Destruído o corpo, as sensações ficam generalizadas.

Eis porque, depois da desencarnação, o Espírito não diz que sofre mais da cabeça do que dos pés. É preciso, de resto, não confundir as sensações do perispírito, que se tornou independente, com as do corpo. Liberto do corpo, o Espírito pode sofrer, mas tal sofrimento não é corporal, embora não seja exclusivamente moral como o remorso, uma vez que ele se queixa, por exemplo, de frio e de calor.

A dor que o Espírito sente não é propriamente uma dor física, mas um vago sentimento íntimo que ele próprio nem sempre entende, precisamente porque a dor não está localizada e não é produzida por agentes externos; é mais uma lembrança que uma recordação também penosa, como iremos ver mais adiante.

É sabido que pessoas que tiveram pernas ou braços amputados sentem dores nos membros inexistentes. Seguramente, não é nesse membro que está a sede ou o ponto de partida da dor; apenas, o cérebro conservou a impressão da dor. Um estudo mais aprofundado do perispírito, que desempenha um papel muito importante em todos os fenômenos espíritas — como as aparições vaporosas ou tangíveis, o estado de Espírito no momento da morte, a idéia tão freqüente de que ainda está vivo, o quadro tão comovente dos suicidas, dos supliciados, dos que se deixaram absorver nos prazeres materiais, tantos outros fatos —, veio fazer luz sobre essa questão.

A experiência nos ensina que no momento da morte o perispírito se liberta mais ou menos lentamente do corpo. Durante os primeiros instantes, o Espírito não entende sua situação: não se crê morto porque se sente vivo; vê seu corpo, sabe que é seu mas não entende porque está separado dele. Este estado perdura enquanto existir alguma ligação entre o corpo e o perispírito.

Numa reunião de desobsessão[1] o Espírito de um suicida, por intermédio do médium psicofônico, clamou desesperado:

— "Não, não estou morto, sinto os vermes me roerem".

É bem verdade que os vermes não roíam o perispírito, roíam apenas o corpo. Entretanto, como a separação do corpo e do perispírito não tinha se completado, resultava uma espécie de repercussão que lhe transmitia a sensação do que se passava no corpo. Repercussão pode não ser a palavra certa, pois ela faria supor um efeito muito material; era antes a visão do que se passava no corpo, ligado ainda ao seu perispírito, que produzia nele uma ilusão que ele tomava por uma realidade. Claro que não era uma lembrança, pois que, durante sua vida, não havia sido roído pelos vermes; era o sentimento de um fato atual e muito real, porque a vida continua, mesmo após a sepultura, e ele sentia efetivamente essa sensação diante do que se passava com o corpo na sepultura.

Sobre esse assunto, vejamos ainda um trecho do comentário feito por Allan Kardec ao final da pergunta 957 de *O Livro dos Espíritos*.

> — "A afinidade que permanece entre o Espírito e o corpo produz, nalguns suicidas, uma espécie de repercussão do estado do corpo e do Espírito, que, assim, a seu mau grado, sente os efeitos da decomposição, donde lhe resulta uma sensação cheia de angústias e de horror, estado esse que também pode durar pelo tempo que devia durar a vida que sofreu interrupção. Não é geral este efeito; mas, em caso algum, o suicida fica

isento das conseqüências da sua falta de coragem e, cedo ou tarde, expia, de um modo ou de outro, a culpa em que incorreu. Assim é que certos Espíritos, que foram muito desgraçados na Terra, disseram ter-se suicidado na existência precedente e se submetido voluntariamente a novas provas, para tentarem suportá-las com mais resignação. Em alguns, verifica-se uma espécie de ligação à matéria, de que inutilmente procuram desembaraçar-se, a fim de voarem para mundos melhores, cujo acesso, porém, se lhes conserva interdito. A maior parte deles sofre o pesar de haver feito uma coisa inútil, pois que só decepções encontram."

...E Ele, tomando a palavra, lhes disse:
"Tende fé em Deus".
Jesus

(1) Reunião realizada nos Centros Espíritas que se orientam pelas obras de Allan Kardec, com o objetivo de socorrer os Espíritos desencarnados.

IMPRESSÕES DE UM SUICIDA

Apresentaremos neste capítulo alguns trechos do relato do Espírito Camilo Castelo Branco, escritor português, extraído da obra psicografada por Yvonne A. Pereira, "*Memórias de Um Suicida*", através dos quais poderemos entender as dolorosas sensações que experimentou ao deixar o corpo pela porta falsa do suicídio e, ao mesmo tempo, entrever o aspecto tenebroso de uma região no mundo dos Espíritos, denominada "*O Vale dos Suicidas*".

Analisemos essa realidade com as próprias palavras do autor espiritual por intermédio da médium Yvonne A. Pereira. Por escrúpulo, recomendou a substituição do seu nome verdadeiro pelo pseudônimo Camilo Cândido Botelho. Os subtítulos foram colocados para facilitar o entendimento dos textos.

Desolador Panorama

> "Precisamente no mês de janeiro do ano da graça de 1891, fora eu surpreendido com meu aprisionamento em região do Mundo Invisível cujo desolador panorama era composto por vales profundos, a que as sombras presidiam, gargantas sinuosas e cavernas sinistras, no interior das quais uivavam, quais maltas de demônios enfurecidos, Espíritos que foram homens, dementados pela intensidade e estranheza, verdadeiramente inconcebíveis, dos sofrimentos que os martirizavam.
>
> Nessa paragem aflitiva a vista torturada do grilheta não distinguira sequer o doce vulto de um arvoredo que testemunhasse suas horas de desesperação; tampouco paisagens confortativas que pudessem distraí-lo da contemplação cansativa dessas gargantas

onde não penetrava outra forma de vida que não a traduzida pelo supremo horror.

O solo, coberto de matérias enegrecidas e fétidas, lembrando a fuligem, era imundo, pastoso, escorregadio, repugnante. O ar pesadíssimo, asfixiante, gelado, enoitado por bulcões ameaçadores como se eternas tempestades rugissem em torno; e, ao respirarem-no os Espíritos ali ergastulados sufocavam-se como se matérias pulverizadas, nocivas mais do que a cinza e a cal, lhes invadissem as vias respiratórias, martirizando-os com suplício inconcebível ao cérebro humano habituado às gloriosas claridades do Sol –dádiva celeste que diariamente abençoa a Terra – e às correntes vivificadoras dos ventos sadios que tonificam a organização física dos seus habitantes."

Desespero e Horror

"Não havia então ali, como não haverá jamais, nem paz, nem consolo, nem esperança: tudo em seu âmbito marcado pela desgraça era miséria, assombro, desespero e horror. Dir-se-ia a caverna tétrica do Incompreensível, indescritível, a rigor até mesmo por um Espírito que sofresse a penalidade de habitá-la.

O vale dos leprosos, lugar repulsivo da antiga Jerusalém de tantas emocionantes tradições, e que no orbe terráqueo evoca o último grau de abjeção e do sofrimento humano, seria consolador estágio de repouso comparado ao local que tento descrever. Pelo menos, ali existiria solidariedade entre os renegados! Os de sexo diferente chegavam mesmo a se amar! Adotavam-se em boas amizades, irmanando-se no seio da dor para suavizá-la! Criavam a sua sociedade, divertiam-se, prestavam-se favores, dormiam e sonhavam que eram felizes!"

Visão do Corpo em Decomposição

"Como se fantásticos espelhos perseguissem obsessoramente nossas faculdades, lá se reproduzia a visão macabra: - o corpo a se decompor sob o ataque dos vibriões esfaimados; a faina detestável de podridão a seguir o curso natural da destruição orgânica, levando em roldão nossas carnes, nossas vísceras, nosso sangue pervertido pelo fétido, nosso corpo enfim, que se sumia para sempre no banquete asqueroso de milhões de vermes vorazes, nosso corpo, que era carcomido lentamente, sob nossas vistas estupefatas!... que morria, era bem verdade, enquanto nós, seus donos, nosso Ego sensível, pensante, inteligente, que dele se utilizara apenas como de um vestuário transitório, continuava vivo, sensível, pensante, inteligente, desapontado e pávido, desafiando a possibilidade de também morrer! E ó tétrica magia que ultrapassava todo o poder que tivéssemos de refletir e compreender! - ó castigo irremovível, punindo o renegado que ousou insultar a Natureza destruindo prematuramente o que só ela era competente para decidir e realizar: - Vivos, nós, em espírito, diante do corpo putrefato, sentíamos a corrupção atingir-nos!... Doíam em nossa configuração astral as picadas monstruosas dos vermes! Enfurecia-nos até à demência a martirizante repercussão que levava nosso perispírito, ainda animalizado e provido de abundantes forças vitais, a refletir o que se passava com seu antigo invólucro limoso - tal o eco de um rumor a reproduzir-se de quebrada em quebrada da montanha, ao longo de todo o vale..."

Socorro para os Suicidas

"Periodicamente, singular caravana visitava esse antro de sombras.

Era como a inspeção de alguma associação caridosa, assistência protetora de instituição humanitária, cujos abnegados fins não se poderiam por em dúvida.

Vinha à procura daqueles dentre nós cujos fluidos vitais, arrefecidos pela desintegração completa da matéria, permitissem locomoção para as camadas do Invisível intermediário, ou de transição.

Supúnhamos tratar-se a caravana de um grupo de homens. Mas na realidade eram Espíritos que estendiam a fraternidade ao extremo de se materializarem o suficiente para se tornarem plenamente percebidos à nossa precária visão e nos infundirem confiança no socorro que nos davam.

Trajados de branco, apresentavam-se caminhando pelas ruas lamacentas do Vale, de um a um, em coluna rigorosamente disciplinada, enquanto, olhando-os atentamente, distinguiríamos, à altura do peito de todos, pequena cruz azul-celeste, o que parecia ser um emblema, um distintivo.

Entravam aqui e ali, pelo interior das cavernas habitadas, examinando seus ocupantes. Curvavam-se, cheios de piedade, junto das sarjetas, levantando aqui e acolá algum desgraçado tombado sob o excesso de sofrimento; retiravam os que apresentassem condições de poderem ser socorridos e colocavam-nos em macas conduzidas por varões que se diriam serviçais ou aprendizes.

Voz grave e dominante, de alguém invisível que falasse pairando no ar, guiava-os no caridoso afã, esclarecendo detalhes ou desfazendo confusões momentaneamente suscitadas. A mesma voz fazia chamada dos prisioneiros a serem socorridos, proferindo seus nomes próprios, o que fazia que se apresentassem, sem a necessidade de serem procurados, aqueles que se encontrassem em melhores condições, facilitando destarte o serviço dos caravaneiros. Hoje posso dizer que todas essas vozes amigas e protetoras eram transmitidas através de ondas delicadas e sensíveis do éter, com o sublime concurso de aparelhamentos magnéticos mantidos para fins humanitários em determinados pontos do Invisível, isto é, justamente na localidade que nos receberia ao sairmos do Vale. Mas, então ignorávamos o pormenor e muito confusos nos sentíamos."

Não se turbe o vosso coração.
- Credes em Deus, crede também em mim.
Há muitas moradas na casa de meu Pai;
se assim não fosse, já vo-lo teria dito,
pois me vou para vos preparar o lugar.
- Depois que me tenha ido
e que vos houver preparado o lugar,
voltarei e vos retirarei para mim,
a fim de que onde eu estiver,
também vós aí estejais.
Jesus

O LIVRO DOS ESPÍRITOS EVITA O SUICÍDIO

"Allan Kardec, o Codificador da Doutrina Espírita, naquela triste manhã de abril de 1860, estava exausto, acabrunhado.

Fazia frio.

Muito embora a consolidação da Sociedade Espírita de Paris e a promissora venda de livros, escasseava o dinheiro para a obra gigantesca que os Espíritos Superiores lhe haviam colocado nas mãos.

A pressão aumentava...

Missivas sarcásticas avolumavam-se à mesa.

Quando mais desalentado se mostrava, chega a paciente esposa, Madame Rivail — a doce Gaby —, a entregar-lhe certa encomenda, cuidadosamente apresentada".

É assim que o Espírito Hilário Silva, pelo médium Chico Xavier no livro *O Espírito da Verdade,* inicia a narrativa que deixa entrever as lutas travadas por Allan Kardec para a nobre missão de codificar o Espiritismo.

Allan Kardec, abrindo o embrulho, lê uma carta endereçada a ele na qual o remetente apresenta a sua gratidão por não ter cometido o suicídio. O missivista declara que, com a desencarnação da esposa, ficou desesperado e acabou planejando a própria morte no rio Sena, buscando a Ponte Marie para pular.

"E, ao fixar a mão para atirar-me, toquei um objeto algo molhado que se deslocou da amurada caindo-me aos pés. Surpreendido, distingui um livro que o orvalho umedecera".

Tomou o volume nas mãos e pôde ler no frontispício entre irritado e curioso..

"Esta obra salvou-me a vida." Leia com atenção e tenha bom proveito. — A. Laurent."

A obra era *O Livro dos Espíritos* e nela o missivista ainda acrescentara com letra firme:

"Salvou-me também. Deus abençoe as almas que cooperaram em sua publicação. — Joseph Renier".

Após a leitura da carta, Kardec aconchegou o livro ao peito; raciocinava, não mais em termos de desânimo ou sofrimento, mas sim na pauta de radiosa esperança.

Tenho-vos dito estas coisas,
para que em mim tenhais paz.
Jesus

TENTAÇÃO AO SUICÍDIO

Qual a causa da tentação ao suicídio que vez por outra surge na mente de muitas pessoas?
A resposta para essa pergunta, nós vamos encontrar no capítulo *"Conversação Preciosa"*, do livro *Ação e Reação*, de André Luiz, pelo médium Chico Xavier, quando o Ministro Sânzio, da Colônia Espiritual Nosso Lar, responde a Hilário:

> "Figuremos um homem acovardado diante da luta, perpetrando o suicídio aos quarenta anos de idade no corpo físico. Esse homem penetra no mundo espiritual sofrendo as conseqüências imediatas do gesto infeliz, gastando tempo mais ou menos longo, segundo as atenuantes e agravantes de sua deserção, para recompor as células do veículo perispirítico, e, logo que oportuno, quando torna a merecer o prêmio de um corpo carnal na Esfera Humana, dentre as provas que repetirá, naturalmente se inclui a extrema tentação ao suicídio na idade precisa em que abandonou a posição de trabalho que lhe cabia, porque as imagens destrutivas, que arquivou em sua mente, se desdobrarão, diante dele, através do fenômeno a que podemos chamar "circunstâncias reflexas", dando azo a recônditos desequilíbrios emocionais que o situarão, logicamente, em contato com as forças desequilibradas que se lhe ajustam ao temporário modo de ser."

No último capítulo do livro *Memórias de Um Suicída*, quando o Espírito Camilo Castelo Branco relata a sua resolução de reencarnar experimentando a cegueira dos quarenta aos sessenta anos de idade, comenta também o seu receio de fracassar nessa nova experiência reabilitadora.

Mas os instrutores espirituais, dirigindo-se a ele, esclarecem que, ao reencarnar, levará sólidos elementos de vitória adquiridos no longo estágio educativo na vida espiritual e que, por isso mesmo, seria pouco provável que a sua vontade se corrompesse, ao ponto de arrastá-lo a maiores e mais graves responsabilidades.

Diante, portanto, dos esclarecimentos dos Espíritos André Luiz e Camilo Castelo Branco, concluímos que se por um lado a predisposição ao suicídio pode surgir no curso da existência física, por outro, a Misericórdia Divina providencia sempre os recursos necessários ao Espírito falido, antes de sua volta à Terra, para que ele saia vitorioso.

Não nos deixes entregues à tentação,
mas livra-nos do mal.
Jesus

REUNIÃO DE DESOBSESSÃO SALVA ESTUDANTE DE MEDICINA

O médico Adolfo Bezerra de Menezes, no seu livro *A Loucura sob Novo Prisma,* relata que o pai de Raul Couto, estudante de medicina, dera cabo de sua vida sob a influência de um Espírito obsessor e que pretendia também arrastar o filho à prática do ato infeliz.

Vejamos o fato narrado com as próprias palavras do grande médico brasileiro:

> "Raul Couto, havia cerca de dois anos, suspendera o curso de seus estudos médicos, na Faculdade do Rio de Janeiro, por ter sido subitamente acometido de loucura, com a idéia fixa de suicídio, pelo que a família o guardava em um quarto, com todas as precauções.
>
> Pediram-nos, depois de reconhecido que a loucura era obra de um inimigo do espaço, que fizéssemos o possível para restituir a razão ao pobre moço, e, prestando-se a isso o médium de incorporação, Frederico Pereira da Silva Júnior, demos princípio ao trabalho.
>
> O Espírito perseguidor veio enfurecido, declarando que já fizera acabar pelo suicídio o pai de Raul, e que ao mesmo fim levaria o filho, para vingar-se do mal que lhe fizera em passada existência.
>
> Efetivamente, verificamos que o pai de Raul acabara pelo suicídio.
>
> Longa foi a luta com esse Espírito, mas, por fim, depois de muitas sessões, que fazíamos semanalmente, conseguimos convencê-lo do mal que a si mesmo causava.

Foi isso numa sexta-feira, e só na segunda-feira seguinte foi que pudemos ter notícia do que se passara com Raul, depois do arrependimento do seu perseguidor.

Soubemos, então, e tivemos a confirmação pessoal do seguinte:

Na sexta-feira, pouco mais ou menos à hora em que o Espírito inimigo desistiu sinceramente da perseguição, Raul, em sua casa, à distância que vai da Gamboa, onde morava, ao Engenho Novo, onde trabalhávamos, talvez uns quinze quilômetros, despertava, como de um longo pesadelo; chamou a mãe e mais pessoas da família, por quem se tornara indiferente; saiu do seu isolamento, e tão bem se achou que na semana seguinte voltou aos seus estudos, por tanto tempo interrompidos, e tanto se aplicou, que colheu e publicou as lições feitas durante o ano pelo professor de anatomia da Faculdade.

Durante os seguintes dois ou três anos, tivemos várias ocasiões de vê-lo, de reconhecer a completa integridade de suas faculdades mentais, fato que é comprovado por suas aprovações na Faculdade.

A coincidência da renúncia do perseguidor com o reerguimento das faculdades mentais, é fato digno da maior atenção, e nós asseguramos que mais ou menos rápida, mais ou menos lenta, temos sempre observado esse fenômeno, desde que o perseguidor se converte."

Onde quer que se encontre duas
ou três pessoas reunidas em meu nome,
eu com elas estarei.
Jesus

SUICÍDIO INTENCIONAL

O Espírito Emmanuel, em comunicação enviada por Chico Xavier, publicada no livro *Religião dos Espíritos*, a respeito do assunto nos diz o seguinte:

> "No suicídio intencional, sem as atenuantes da moléstia ou da ignorância, há que considerar, não somente o problema da infração ante as Leis Divinas, mas também o ato de violência que a criatura comete contra si mesma, através da premeditação mais profunda, com remorso mais amplo.
>
> Atormentada de dor, a consciência desperta ao nível de sombra a que se precipitou, suportando compulsoriamente as companhias que elegeu para si própria, pelo tempo indispensável à justa renovação.
>
> Contudo, os resultados não se circunscrevem aos fenômenos de sofrimento íntimo, porque surgem os desequilíbrios conseqüentes nas sinergias do corpo espiritual, com impositivos de reajustes em existências próximas.
>
> É assim que após determinado tempo de reeducação, nos círculos de trabalho fronteiriços da Terra, suicidas são habitualmente reinternados no plano carnal, em regime de hospitalização da cela física, que lhes reflete as penas e angústias na forma de enfermidades e inibições.
>
> Ser-nos-á fácil, desse modo, identificá-los, no berço em que repontam, entremostrando a expiação a que se acolhem.
>
> Os que se envenenaram, conforme os tóxicos de

que se valeram, renascem trazendo as afecções valvulares, os achaques do aparelho digestivo, as doenças do sangue e as disfunções endócrinas, tanto quanto outros males de etiologia obscura; os que incendiaram a própria carne amargam as agruras da ictiose ou do pênfigo; os que se asfixiaram, seja no leito das águas ou nas correntes de gás, exibem os processos mórbidos das vias respiratórias, como no caso do enfisema ou dos cistos pulmonares; os que se enforcaram carreiam consigo os dolorosos distúrbios do sistema nervoso, como sejam as neoplasias diversas e a paralisia cerebral infantil; os que estilhaçaram o crânio ou deitaram a própria cabeça sob rodas destruidoras, experimentam desarmonias da mesma espécie, notadamente as que se relacionam com o cretinismo, e os que se atiraram de grande altura reaparecem portando os padecimentos da distrofia muscular progressiva ou da osteíte difusa.

Segundo o tipo de suicídio, direto ou indireto, surgem as distonias orgânicas derivadas, que correspondem a diversas calamidades congênitas, inclusive a mutilação e o câncer, a surdez e a mudez, a cegueira e a loucura, a representarem terapêutica providencial na cura da alma."

Em verdade, em verdade, digo-te:
Se um homem não renasce
da água e do espírito,
não pode entrar no Reino de Deus.
Jesus

INSTRUÇÕES ELUCIDATIVAS

Depois de todos esses fatos, depoimentos e apontamentos doutrinários, encerraremos com as considerações apresentadas pelo Espírito Camilo Castelo Branco, no livro M*emórias de Um Suicida.* É um resumo das instruções dadas a um grupo de Espíritos suicidas no mundo espiritual a título de base e incentivo para a urgente auto-reforma de que tinham necessidade, visando ao inadiável progresso. Eis o esquema na íntegra:

1. "É o homem um composto de tríplice natureza: - humana, astral e espiritual, isto é - matéria, fluido e essência. Esse composto poderá também ser traduzido em expressão mais concreta e popular, assimilável ao primeiro grau de observação: - corpo carnal, corpo fluídico ou perispírito, e alma ou Espírito, sendo que do último é que se irradiam Vida, Inteligência, Sentimento, etc., etc. - centelha onde se verifica a essência divina e que no homem assinala a hereditariedade celeste! Desses três corpos, o primeiro é temporário, obedecendo apenas à necessidade das circunstâncias inalienáveis que contornam o seu possuidor, fadado à desorganização total por sua própria natureza putrescível, oriunda do limo primitivo: - é o de carne. O segundo é imortal e tende a progredir, desenvolver-se, aperfeiçoar-se através dos trabalhos incessantes nas lutas dos milênios: - é o fluídico; ao passo que o Espírito, eterno como a Origem da qual provém, luz imperecível que tende a rebrilhar sempre mais aformoseada até retratar em grau relativo o Fulgor Supremo que lhe forneceu a Vida, para glória do seu mesmo Criador - é a essência divina, imagem

e semelhança - (que o será um dia) - do Todo-Poderoso Deus!

2. Vivendo na Terra, esse ser inteligente, que deverá evolver pela Eternidade, denomina-se Homem! Sendo, portanto, o homem um Espírito encarcerado num corpo de carne ou encarnado.

3. Um Espírito volta várias vezes a tomar novo corpo carnal sobre a Terra, nasce várias vezes a fim de tornar a conviver nas sociedades terrenas, como homem, exatamente como este é levado a trocar de roupa muitas vezes...

4. Suicida é um Espírito criminoso, falido nos compromissos que tinha para com as Leis sábias, justas e imutáveis estabelecidas pelo Criador, e que se vê obrigado a repetir a experiência na Terra, tomando corpo novo, uma vez que destruiu aquele que a Lei lhe confiara para instrumento de auxílio na conquista do próprio aperfeiçoamento - depósito sagrado que ele antes deveria estimar e respeitar do que destruir, visto que lhe não assistiam direitos de faltar aos grandes compromissos da vida planetária, tomados antes do nascimento em presença da própria consciência e ante a Paternidade Divina, que lhe fornecera Vida e meios para tanto.

5. Espírito de um suicida voltará a novo corpo terreno em condições muito penosas de sofrimento, agravadas pelas resultantes do grande desequilíbrio que o desesperado gesto provocou no seu corpo astral, isto é, no perispírito.

6. A volta de um suicida a um novo corpo carnal é a lei. É lei inevitável, irrevogável! É expiação irremediável, à qual terá de se submeter voluntariamente ou não, porque a seu próprio benefício outro recurso não haverá senão a repetição do programa terreno que deixou de executar.

7. Sucumbindo ao suicídio o homem rejeita e destrói ensejo sagrado, facultado por lei, para a conquista de situações honrosas e dignificantes para a própria consciência, pois os sofrimentos, quando heroicamente suportados, dominados pela vontade de vencer, são como esponja mágica a expungir da consciência culposa a caligem infamante, muitas vezes, de um passado criminoso, em anteriores etapas terrenas. Mas, se em vez do heroísmo salvador, preferir o homem a fuga às labutas promissoras, valendo-se de um auto-atentado que bem revelará a vasa de inferioridade que lhe infelicita o caráter, retardará o momento almejado para a satisfação dos mais caros desejos, visto que jamais se poderá destruir porque a fonte de sua Vida reside em seu Espírito e este é indestrutível e eterno como o Foco Sagrado de que descendeu!

8. Na Espiritualidade raramente o suicida permanecerá durante muito tempo. Descerá à reencarnação prestamente, tal seja o acervo das danosas conseqüências acarretadas; ou adiará o cumprimento daquela inalienável necessidade caso as circunstâncias atenuantes forneçam capacidade para o ingresso em cursos de aprendizado edificante, que facilitarão as pelejas futuras a prol de sua mesma reabilitação.

9. O suicida é como que um clandestino da Espiritualidade. As leis que regulam a harmonia do mundo invisível são contrariadas com sua presença em seus páramos antes da época determinada e legal; e tolerados são e amparados e convenientemente encaminhados porque a excelência das mesmas, derramada do seio amoroso do Pai Altíssimo, estabeleceu que a todos os pecadores sejam incessantemente renovadas as oportunidades de corrigenda e reabilitação!

10. Renascendo em novo corpo carnal, remontará o suicida à programação de trabalhos e prélios diversos aos quais imaginou erradamente poder escapar pelos atalhos do suicídio; experimentará novamente tarefas, provações semelhantes ou absolutamente idênticas às que pretendera arredar; passará inevitavelmente pela tentação do mesmo suicídio, porque ele mesmo se colocou nessa difícil circunstância carreando para a reencarnação expiatória as amargas seqüências do passado delituoso! À tal tentação, porém, poderá resistir, visto que na Espiritualidade foi devidamente esclarecido, preparado para essa resistência. Se contudo vier a falir por uma segunda vez - o que será improvável -, multiplicar-se-á sua responsabilidade, multiplicando-se, por isso mesmo, desastrosamente, a série de sofrimentos e pelejas reabilitadoras, visto que é imortal!

11. O estado indefinível, de angústia inconsolável, de inquietação aflitiva e tristeza e insatisfações permanentes; as situações anormais que se decalcam e sucedem na alma, na mente e na vida de um suicida reencarnado, indescritíveis à compreensão humana e só assimiláveis por ele mesmo, somente lhe permitirão o retorno à

normalidade ao findar das causas que as provocaram, após existências expiatórias, testemunhos severos onde seus valores morais serão duramente comprovados, acompanhando-se de lágrimas ininterruptas, realizações nobilitantes, renúncias dolorosas de que se não poderá isentar...podendo tão dificultoso labor dele exigir a perseverança de um século de lutas, de dois séculos... talvez mais... tais sejam o grau dos próprios deméritos e as disposições para as refregas justas e inalienáveis!"

Qual homem, dentre vós,
que dá uma pedra ao filho que lhe pede pão?
- ou, se pedir um peixe, dar-lhe-á uma serpente?
Ora, se, sendo maus como sois,
sabeis dar boas coisas aos vossos filhos,
não é lógico que, com mais forte razão,
vosso Pai que está nos céus
dê os bens verdadeiros aos que lhos pedirem?
Jesus

PRECE POR UM SUICIDA

No capítulo XVIII de *O Evangelho Segundo o Espiritismo*, Allan Kardec esclarece:

> "Jamais tem o homem o direito de dispor da sua vida, porquanto só a Deus cabe retirá-lo do cativeiro da Terra, quando o julgue oportuno. Todavia, a justiça divina pode abrandar-lhe os rigores, de acordo com as circunstâncias, reservando, porém, toda a severidade para com aquele que se quis subtrair às provas da vida. O suicida é qual prisioneiro que se evade da prisão, antes de cumprida a pena; quando preso de novo, é mais severamente tratado. O mesmo se dá com o suicida que julga escapar às misérias do presente e mergulha em desgraças maiores."

Com a prece sugerida pelo Codificador do Espiritismo, oremos em favor de quem muito precisa da nossa ajuda:

> "- Sabemos, ó meu Deus, qual a sorte que espera os que violam a tua lei, abreviando voluntariamente seus dias; mas, também sabemos que infinita é a tua misericórdia. Digna-te, pois, de estendê-la sobre a alma de N... Possam as nossas preces e a tua comiseração abrandar a acerbidade dos sofrimentos que ele está experimentando, por não haver tido a coragem de aguardar o fim de suas provas.
>
> Bons Espíritos, que tendes por missão assistir os desgraçados, tomai-o sob a vossa proteção; inspirai-lhe o pesar da falta que cometeu. Que a vossa assistência lhe dê forças para suportar com mais resigna-

ção as novas provas por que haja de passar, a fim de repará-la. Afastai dele os maus Espíritos, capazes de o impelirem novamente para o mal e prolongar-lhe os sofrimentos, fazendo-o perder o fruto de suas futuras expiações.

A ti, cuja desgraça motiva as nossas preces, nos dirigimos também, para te exprimir o desejo de que a nossa comiseração te diminua o amargor e te faça nascer no íntimo a esperança de melhor porvir! Nas tuas mãos está ele; confia na bondade de Deus, cujo seio se abre a todos os arrependimentos e só se conserva fechado aos corações endurecidos."

Bem-aventurados
os que são misericordiosos,
porque obterão misericórdia.
Jesus

BIBLIOGRAFIA

CASTRO, Almerindo Martins. *Antônio de Pádua*. 8ª edição, Rio de Janeiro, FEB, 1993.

CASTRO, Almerindo Martins. *O Martírio dos Suicidas*. 15ª edição. Rio de Janeiro, FEB, 1995

DENIS, Léon. *Depois da Morte*. 15ª edição, Rio de janeiro, FEB, 1989.

DOLORES, Maria/XAVIER, Francisco Cândido. *Coração e Vida*. 6ª edição. São Paulo, IDEAL, 1994

EMMANUEL/XAVIER, Francisco Cândido. *Escrínio de Luz*. São Paulo, CLARIM, 1973.

EMMANUEL/XAVIER, Francisco Cândido. *O Consolador*. 9ª edição. Rio de Janeiro, FEB, 1982.

EMMANUEL/Xavier, Francisco Cândido. *O Espírito da Verdade*. 6ª edição, Rio de Janeiro, FEB, 1987.

EMMANUEL/Xavier, Francisco Cândido. *Religião dos Espíritos*. 2ª edição, Rio de Janeiro, FEB, 1961.

ESPÍRITOS, Diversos. *Parnaso de Além-Túmulo*. 4ª edição, Rio de Janeiro, FEB, 1944.

ESPÍRITOS, Diversos. *Vozes do Grande Além*. 4ª edição, Rio de Janeiro, FEB, 1990.

ESPÍRITOS, Diversos/XAVIER, Francisco Cândido e PIRES, José Herculano. Astronautas do Além. 4ª edição, São Paulo, GEEM, 1980.

ESPÍRITOS, Diversos/Xavier, Francisco Cândido. *Idéias e Ilustrações*. 4ª edição, Rio de Janeiro, FEB, 1987.

IRMÃO X/XAVIER, Francisco Cândido. *Estante da Vida*. 1ª edição, Rio de Janeiro, FEB, 1969.

KARDEC, Allan. *O Céu e o Inferno*. 27ª edição, Rio de Janeiro, FEB, 1981.

KARDEC, Allan. *O Evangelho Segundo o Espiritismo*. 107ª edição, Rio de Janeiro, FEB, 1993.

KARDEC, Allan. *O Livro dos Espíritos*. 25ª edição, Rio de Janeiro, FEB, 1957.

LUIZ, André/Xavier, Francisco Cândido. *Ação e Reação*. 19ª edição, Rio de Janeiro, FEB, 1998

LUIZ, André/XAVIER, Francisco Cândido. *No Mundo Maior*. 5ª edição. Rio de Janeiro, FEB, 1970.

MENEZES, Bezerra de. *A Loucura Sob Novo Prisma*. 3ª edição, Rio de Janeiro, FEB, 1963.

PEREIRA Yvonne A. *Memórias de Um Suicída*. 16ª edição, Rio de Janeiro, FEB, 1991.

QUENTAL, Antero de. *Sonetos*. 2ª Edição, Rio de Janeiro, 1890.

SILVEIRA, Adelino. *Chico, de Francisco*. 5ª edição, São Paulo, CEU, 1987

Este livro, da Mauad Editora,
foi impresso em papel offset 75g,
na gráfica Sermograf